PowerKids Readers:

The Bilingual Library of the United States of America™

CALIFORNIA

JOSÉ MARÍA OBREGÓN

Traducción al español: María Cristina Brusca

The Rosen Publishing Group's
PowerKids Press™ & **Editorial Buenas Letras**™
New York

Published in 2006 by The Rosen Publishing Group, Inc.
29 East 21st Street, New York, NY 10010

First Edition

Photo Credits: Cover, p. 26 © Richard Glover; Ecoscene/Corbis; p. 5 (inset) © 2001 One mile Up, Incorporated; p. 5 (flag) © Joseph Sohm; ChromoSohm Inc./Corbis: p. 9 © Galen Rowell/Corbis; pp. 11, 31 (redwoods) © Greg Probst/Corbis; pp. 13, 25, 30 (capital building) © Bob Rowan; Progressive Image/Corbis; pp. 15, 17 © Bettman/Corbis; p.19 © Richard Cummins/Corbis; p. 21 © Robert Landau/Corbis; p. 23 © Ed Kashi/Corbis; p. 30 (gold nuggets) © Phil Schermeister/Corbis; p. 30 (poppy) © Charles O'Rear/Corbis; p. 30 (quail) © Tom Brakefield/Corbis; p. 30 (redwood) © IndexStock; p. 31 (Graham) © Bettman/Corbis; p. 31 (Reagan, Nixon) © Wally McNamee/Corbis; p. 31 (Olmos) © Frank Trapper/Corbis; p. 31 (Ochoa) © Corbis, p. 31 (Woods) © Reuters/Corbis; p. 31 (farm workers) © Ted Streshinsky/Corbis; p. 31 (mountain range) © Pat O'Hara/Corbis

Library of Congress Cataloging-in-Publication Data

Obregón, José María, 1963–
California / José María Obregón; traducción al español, María Cristina Brusca.– 1st ed.
    p. cm. – (The bilingual library of the United States of America)
Includes index.
ISBN 1-4042-3069-9 (library binding)
PB ISBN: 1-4042-7574-6
6-Pack ISBN: 1-4042-7584-3

1. California–Juvenile literature. I. Title. II. Series.
F861.3.O27 2006
979.4–dc22

                                    2004027133

Manufactured in the United States of America

Due to the changing nature of Internet links, Editorial Buenas Letras has developed an online list of Web sites related to the subject of this book. This site is updated regularly. Please use this link to access the list:

http://www.buenasletraslinks.com/ls/california

Contents

Contenido

Welcome to California

California is the third-largest state in size in the United States. California is known as the Golden State.

Bienvenidos a California

Por su tamaño, California es el tercer estado del país. A California se le llama el estado dorado.

The California Flag and the State Seal

Bandera y escudo de California

California Geography

California borders the states of Oregon, Nevada, and Arizona. It also shares a border with the country of Mexico. On the west it borders the Pacific Ocean.

Geografía de California

California limita con los estados de Oregón, Nevada y Arizona. También comparte una frontera con otro país: México. El límite oeste de California es el Océano Pacífico.

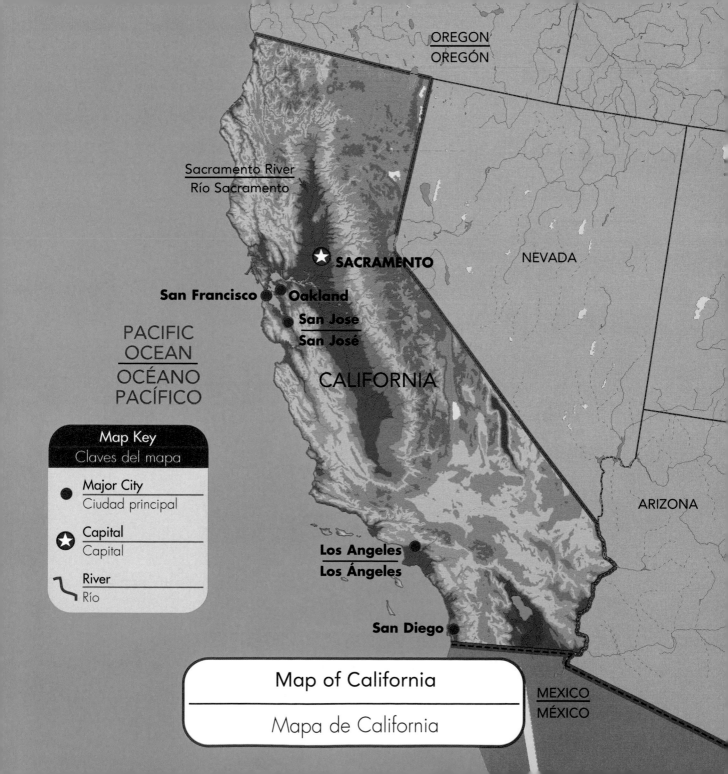

OREGON
OREGÓN

Sacramento River
Río Sacramento

NEVADA

★ SACRAMENTO

San Francisco ● ● Oakland

● San Jose
San José

PACIFIC
OCEAN
OCÉANO
PACÍFICO

CALIFORNIA

ARIZONA

Map Key
Claves del mapa

● Major City
  Ciudad principal

★ Capital
  Capital

〰 River
  Río

Los Angeles
Los Ángeles ●

San Diego ●

Map of California

Mapa de California

MEXICO
MÉXICO

California has four national parks. It also has the Sierra Nevada mountain range. This is the highest mountain range in North America.

California tiene cuatro parques nacionales. También tiene una cadena de montañas llamada Sierra Nevada. Esta cadena montañosa es la más alta de América del Norte.

Mount Whitney on the Sierra Nevada Range

Mount Whitney en la cadena montañosa Sierra Nevada

The biggest living tree in the world is found in California. It is a redwood tree named General Sherman. This tree is as tall as a 26-story building.

El árbol viviente más grande del mundo se encuentra en California. Es una secuoya y se llama General Sherman. Este árbol es tan alto como un edificio de 26 pisos.

General Sherman Tree in Sequoia National Park

General Sherman en el Parque Sequoia

California History

Spanish settlers built 21 missions in California. At the missions they taught religion to Native Americans.

Historia de California

Los colonizadores españoles construyeron 21 misiones en California. En las misiones enseñaban religión a los nativos americanos.

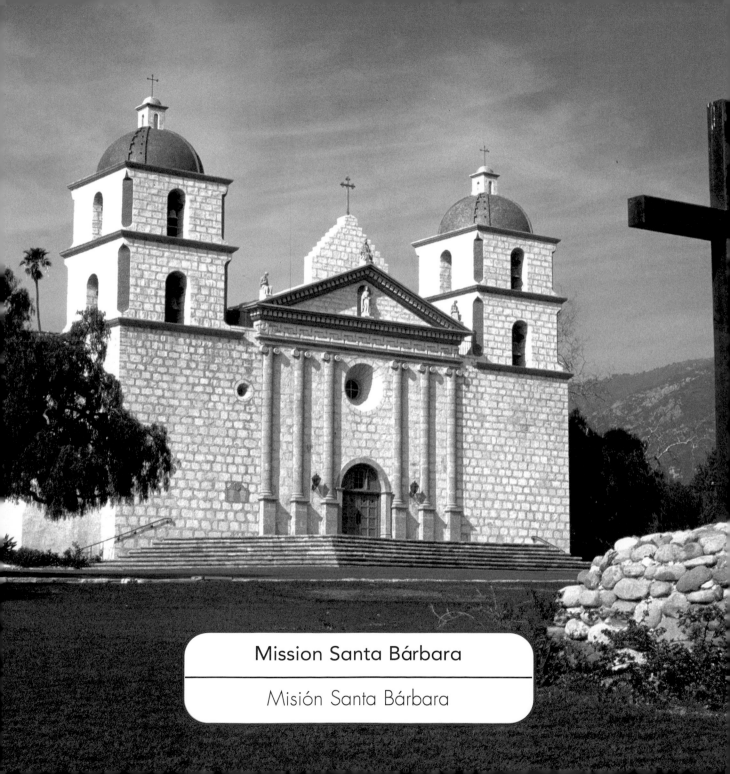

Mission Santa Bárbara

Misión Santa Bárbara

In 1848, James Marshall discovered gold in California. People from all over the world went to California looking for gold. These years are known as the gold rush.

En 1848, James Marshall descubrió oro en California. Gente de todo el mundo fue a California a buscar oro. Esa época se conoce como "la fiebre del oro".

James W. Marshall at Sutter's Mill, California

James W. Marshall en la mina Sutter, California

César Chávez defended Californian farmworkers in the 1960s. Farming is a very important activity for California. Thanks to Chávez farmworkers live better today.

César Chávez defendió a los trabajadores rurales entre los años 1960–1970. La actividad rural es muy importante en California. Hoy, los trabajadores rurales viven mejor gracias a Chávez.

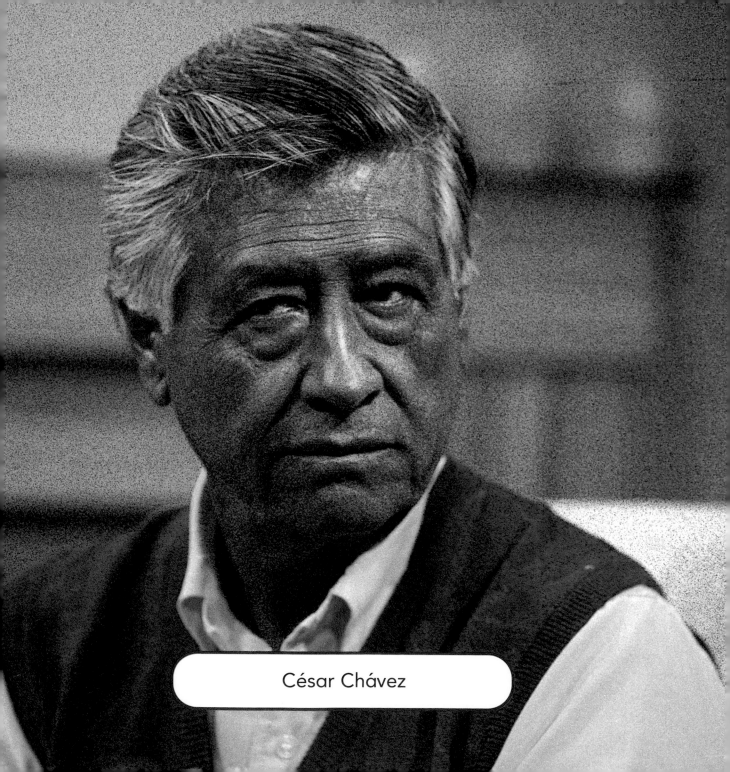

César Chávez

Living in California

More people live in California than in any other state. Many people from Mexico and other countries in Latin America live in California.

La vida en California

En California viven más personas que en cualquiera de los otros estados. Muchas personas de México y otros países de América Latina viven en California.

Mexican Dancers Celebrate Cinco de Mayo

Danzantes mexicanos celebran el Cinco de Mayo

People from all over the world visit Hollywood. Hollywood is in the city of Los Angeles, California. Hollywood is known as the center of the movie business. Many movies are made in Hollywood.

Gente de todo el mundo visita Hollywood. Hollywood se encuentra en la ciudad de Los Ángeles, en California, y es conocida por ser el centro de la industria del cine. Muchas películas están hechas en Hollywood.

The "Hollywood" Sign in the Santa Monica Mountains

Letrero de "Hollywood" en las montañas de Santa Mónica

California Today

California makes many computer parts. Most computer businesses are near the city of San Jose. This area is called Silicon Valley.

California, hoy

California produce muchos componentes para las computadoras. La mayoría de las fábricas y oficinas están cerca de la ciudad de San José. Esta zona se conoce como Silicon Valley.

Aerial View of Silicon Valley

Vista aérea de Silicon Valley

Los Angeles, San Diego, San Jose, and San Francisco are important cities in California. Sacramento is the capital of the state of California.

Los Ángeles, San Diego, San José y San Francisco son ciudades importantes de California. La capital del estado de California es Sacramento.

The Capitol Building in Sacramento

Capitolio en la ciudad de Sacramento

Activity:
Let's Draw the Golden Gate Bridge
The Golden Gate Bridge is one of California's most beautiful landmarks.

Actividad:
Dibujemos el puente Golden Gate
El puente Golden Gate es uno de los sitios históricos más bellos de California.

1

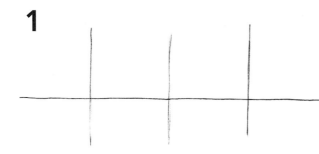

Begin by drawing a horizontal line. Divide that line with three vertical lines.

Comienza por dibujar una línea horizontal. Divide esa línea con tres líneas verticales.

2

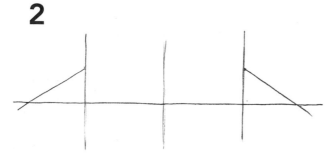

Add slanted lines to each side.

Añade a cada costado una línea inclinada.

26

3

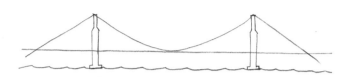

Add a curved line in the center of the bridge. Draw in two thin shapes around the vertical lines on the left and right. Erase the vertical lines. Draw in a wavy line to show the ocean.

Borra las líneas verticales. Añade una línea curva en el centro del puente. Agrega dos columnas en la izquierda y la derecha del puente. Dibuja una línea ondulada para mostrar el océano.

4

Add another line underneath the bridge. Shade in those tall, thin shapes. Draw straight vertical lines as shown. These are the cables. Great job!

Añade otra línea por debajo del puente. Sombrea las formas delgadas. Dibuja líneas verticales como en el ejemplo. Éstos son los cables. ¡Muy bien!

Timeline   Cronología

Father Junípero Sierra founds the first mission at San Diego.	**1769**	El Padre Junípero Sierra funda la primera misión en San Diego.
The discovery of gold at Sutter's Mill begins a gold rush.	**1848**	El descubrimiento de oro en Sutter Mills provoca "la fiebre del oro".
California becomes a state.	**1850**	California se convierte en estado.
An earthquake and a fire destroy the city of San Francisco.	**1906**	La ciudad de San Francisco es destruída por un terremoto y un incendio.
The Golden Gate Bridge opens in San Francisco.	**1937**	Se inaugura el puente Golden Gate en San Francisco.
California becomes the most populous state.	**1963**	California se convierte en el estado más populoso del país.
Tom Bradley is elected mayor of Los Angeles and becomes the first black mayor of a major U.S. city.	**1973**	Tom Bradley es elegido alcalde de Los Ángeles. Es el primer alcalde afroamericano de una ciudad principal de los E.U.A.
A strong earthquake strikes Los Angeles.	**1994**	Un fuerte terremoto sacude Los Ángeles.

California Events

Eventos en California

California Events	Eventos en California
January/February Chinese New Year Celebration in San Francisco and Los Angeles	Enero/ Febrero Celebración del Año Nuevo Chino, en San Francisco y Los Ángeles
April Long Beach Grand Prix Stockton Asparagus Festival	Abril Gran premio de Long Beach Festival del espárrago de Stockton
May Strawberry Festival in Arroyo Grande Sacramento Jazz Jubilee in Sacramento	Mayo Festival de la fresa, en Arroyo Grande Jubileo de jazz en Sacramento
July Fortuna Rodeo	Julio Rodeo Fortuna
July or August Mozart Festival in San Luis Obispo	Julio o Agosto Festival Mozart, en San Luis Obispo
August and Early September State Fair in Sacramento	Agosto y principios de Septiembre Feria del estado, en Sacramento
September Monterey Jazz Festival	Septiembre Festival de jazz de Monterey
December Christmas Festival of Lights in Fortuna	Diciembre Festival de las luces, en Fortuna

California State Facts/Datos sobre California

Population
34 million

Población
34 millones

Capital
Sacramento

Capital
Sacramento

State Motto
Eureka (I have found it)

Lema del estado
Eureka (¡lo encontré!)

State Flower
Golden Poppy

Flor del estado
Amapola dorada

State Bird
California valley quail

Ave del estado
Codorniz del valle de California

State Nickname
Golden State

Mote del estado
Estado dorado

State Tree
California redwood

Árbol del estado
Secuoya

State Song
"I Love You California"

Canción del estado
"Te amo, California"

State Gemstone
Benitoite

Piedra preciosa
Benitoita

Famous Californians/Californianos famosos

Martha Graham
(1894–1991)

Dancer/Choreographer
Bailarina/coreógrafa

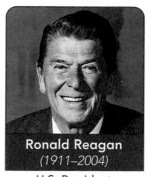

Ronald Reagan
(1911–2004)

U.S. President
Presidente de E.U.A.

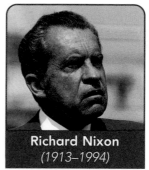

Richard Nixon
(1913–1994)

U.S. President
Presidente de E.U.A.

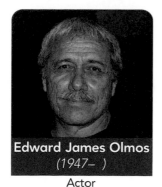

Edward James Olmos
(1947–)

Actor
Actor

Ellen Ochoa
(1958–)

Astronaut
Astronauta

Tiger Woods
(1975–)

Golf Player
Golfista

Words to Know/Palabras que debes saber

<u>border</u>
frontera

<u>farmworkers</u>
trabajadores rurales

<u>mountain range</u>
cadena montañosa

<u>redwood</u>
secuoya

31

Here are more books to read about California:
Otros libros que puedes leer sobre California:

In English/En inglés:
California
By Kennedy, Teresa
Children's Press, 2001

In Spanish/En español:
California
De Capua, Sarah
Children's Press, 2004

Words in English: 259

Palabras en español: 256

Index

Índice